LE MACHIAVÉLISME
DU
CABINET FRANÇAIS.

Par le Comte de LIMONADE, Secrétaire d'Etat, Ministre des Affaires étrangères, etc.

Celui qui met un frein à la fureur des flots,
Sait aussi des Méchans arrêter les Complots.
RACINE, Athalie, Scène Ière.

A MES CONCITOYENS.
CONCITOYENS,

Onze années d'indépendance, heureux résultat de nos glorieux travaux, ont jusqu'ici couronné notre vaillance. Rendus à la liberté, au bonheur, chaque jour consolidait notre ouvrage. Etrangers par notre situation géographique à la lutte sanglante que soutenaient les peuples d'Europe, nous étions réduits à faire des vœux pour le succès d'une cause à laquelle la nôtre était liée ; nous nous contentions d'offrir aux paisibles commerçans les produits de notre heureux climat, et de jouir chez nous, sous le beau ciel dont la nature nous a favorisé et sous l'influence de nos institutions, des douceurs de la civilisation, de l'abondance et de la paix.

Convaincus par l'expérience que les armes seules étaient capables de nous procurer la conservation des biens précieux dont nous jouissons, nous ne les avons jamais un seul instant négligées.

A

La chute de l'oppresseur du monde, en donnant la paix à l'Europe, et en replaçant sur le trône de France la dynastie des Bourbons, semblait devoir être un événement favorable pour les haytiens qui prévoyaient que le nouveau gouvernement français, revenu à des principes plus philantropiques, convaincu par l'inutilité de la tentative faite pour nous replonger dans l'esclavage, que la force est impuissante pour nous asservir, consentirait enfin à nous reconnaître comme une nation indépendante, et dans cette hypothèse, se bornerait à nous demander de participer aux avantages de notre commerce. Cette démarche nécessitée par la force des circonstances, dont les exemples se trouvent dans l'histoire, et ne sont pas étrangers au cabinet français, aurait réconcilié les haytiens avec le gouvernement français; l'on devait l'attendre d'un prince qu'on dit vertueux et philantrope, qui avait à cicatriser des plaies encore si récentes.

Espérance déçue, si l'on s'en rapporte aux termes des instructions du Ministre de la marine et des colonies de France! mais que pour la gloire du souverain, nous répugnons à croire.

C'est pourtant au nom de ce prince que son ministre, ex-colon lui-même, trace les fils des piéges dans lesquels il veut nous faire tomber; c'est en son nom qu'il fait partir trois espions pour venir intriguer, semer les brandons de la discorde, armer les citoyens les uns contre les autres. Il abuse enfin du nom de ce souverain, pour nous faire de vils et déshonorantes propositions. Il n'a pas craint de nous placer dans la révoltante alternative de l'esclavage ou de la mort! Notre choix n'a pas été douteux, ou plutôt notre résolution n'a pas même été ébranlée. Il n'y avait que ces éternels ennemis des droits de l'homme, capables de se faire une aussi grossière illusion, que d'en douter.

Les passions haineuses et malfaisantes des colons dévoilées, ont parues dans toute leur laideur; les individus de cette caste meurent, mais leur esprit infernal se perpétue plus violemment dans leur race odieuse.

La divine providence qui nous a si souvent donné des marques de son insigne et éclatante faveur; cette providence, protectrice tutélaire des haytiens, ne semble-t-elle pas, par un des grands desseins de son éternelle sagesse, en nous montrant du doigt et de l'œil l'abîme dans lequel on voulait nous engloutir, en nous indiquant les voies de notre salut,

(3)

s'être plue à déjouer les calculs raffinés de la politique de nos acharnés et implacables ennemis, en faisant tomber dans nos mains des pièces, chefs-d'œuvres de perfidie, si habilement travaillées pour parvenir plus efficacement à notre ruine entière ! Ces pièces tout à la fois la honte de nos ennemis et la justice de nos droits !

Comme on ne saurait trop exposer dans leur nudité les machinations de nos tyrans, nous suivrons dans le commentaire que nous entreprenons leurs propres expressions ; nous présenterons à nos concitoyens le résultat de nos réflexions. Si l'indignation que nous éprouvons nous fait fréquemment tomber la plume des mains, nous la reprendrons avec plus de vigueur pour achever de démasquer leurs trames criminelles.

COPIES des Pièces des Agens du Gouvernement français, imprimées et publiées en vertu de la Proclamation de SA MAJESTÉ, du 11 Novembre 1814, l'an onzième de l'indépendance d'Hayti.

Paris, le 27 Juin 1814.

A Messieurs DAUXION LAVAYSSE, DE MEDINA et DRAVERMANN.

« MESSIEURS, j'ai reçu les lettres que vous m'avez écrites, séparément et collectivement, pour offrir au Roi vos services à Saint-Domingue. S. M. n'a encore arrêté aucune mesure relative à la prise de possession de sa colonie, il ne lui paraît pas même nécessaire d'envoyer, dans le premier moment, des commissaires pour notifier ses ordres, ou faire connaître ses intentions aux chefs des insurgés ; mais, sur le compte que j'ai rendu au Roi que vos affaires personnelles vous appelaient à Saint-Domingue, que vos rapports antérieurs avec quelques-uns des chefs de la colonie vous mettaient dans le cas de les voir, et sur ce que j'ai appris de l'attachement qu'ils avaient souvent montré pour la France et son souverain légitime, S. M. m'a permis de vous dire qu'elle verrait *avec plaisir que vous me missiez en état de lui rendre un compte plus positif de l'état actuel de cette colonie, des dispositions de ses chefs, et de ce que vous pensez des moyens les plus sûrs pour en faire cesser l'anarchie et prévenir toute nouvelle effusion de sang dans le rétablissement prochain du gouvernement royal.*

Sous le spécieux prétexte de ne pas compromettre la dignité de sa place, le ministre, par une vieille ruse ministérielle, se fait écrire une lettre par trois espions pour lui offrir séparément et collectivement leurs services; et cela, pour colorer la mission qu'il leur donne, c'est assez bien débuter.

Si l'on n'avait pas encore [à l'époque du 27 Juin dernier] arrêté aucune mesure relative à ce qu'on a l'impudeur d'appeler prise de possession de la prétendue colonie, c'est, sans doute que le gouvernement français n'avait pas encore résolu ces mesures ; mais nous savons que depuis, sur les clameurs virulentes des colons en général, mais particulièrement des ex-colons d'Hayti, un armement se préparait à sortir des ports de France, pour envahir notre territoire.

Quels ordres S. M. Louis XVIII a-t-elle à notifier dans un royaume, qui certes, est bien éloigné de reconnaître sa souveraineté et celle de sa nation?

Qu'est-ce que son ministre appelle insurgés? Nous assurément. Oui, nous nous ferons gloire d'être les ennemis des français s'ils veulent chercher à nous anéantir ou à nous replonger dans l'esclavage, et c'est à coups de canon et de fusils, que nous comptons bien les recevoir, leur disputer notre territoire et défendre nos droits.

Quelles affaires personnelles pouvaient amener ces trois espions à Hayti, si ce n'était pour servir les vues artificieuses du ministre et celles des ex-colons? Quels rapports antérieurs pouvaient-ils avoir eu avec les chefs d'Hayti?

Médina, ou Agoustine Franco, espagnol françisé, traître à son souverain Ferdinand VII, plus présomptueux que les autres, a été arrêté en remplissant son rôle. Les deux autres qui ont commencé, de la Jamaïque étant, à sonder le terrein, tomberont immanquablement dans les pièges qu'ils veulent nous tendre, s'ils mettent le pied à Hayti.

Je

Je ne sache pas qu'il existe aucun haytien qui conserve de l'attachement pour la France et son souverain ; ces sentimens ont pu avoir
lieu à une époque où nous n'avions pas été victimes des atrocités inouies
dont nous avons à nous plaindre ; je sais au contraire, qu'à chaque année,
nous renouvellons le serment que nous prononçâmes, lors de la déclaration de notre indépendance : *Nous jurons à la Postérité, à l'Uni-*
vers entier, de renoncer à jamais à la France et de mourir plutôt
que de vivre sous sa Domination. Sentiment qui est gravé dans le
cœur des haytiens , et que le ministre ne doit pas ignorer. Eh ! quel est
l'indigne haytien qui pourrait encore avoir de l'attachement pour nos
persécuteurs et nos bourreaux ?

Si S. M. Louis XVIII désire connaître les dispositions de S. M.
Henry Iᵉʳ, notre très-auguste et très-grâcieux souverain, qu'Elle prenne
la peine de lire le manifeste du roi d'Hayti ; Elle verra la justice de ses
droits, cathégoriquement exposés et éclaircis aux yeux de l'univers entier;
si Elle veut connaître les sentimens des haytiens , qu'Elle veuille prendre
connaissance de la résolution du conseil général de la nation, Elle verra
que nous sommes déterminés à nous ensevelir sous les ruines de notre
patrie, plutôt que de courber la tête sous le joug honteux que nous avons
brisé à jamais.

Les moyens que le ministre français veut employer à Hayti, loin de
prévenir l'effusion de sang, sont au contraire d'en faire verser des
torrens dans le rétablissement de ce qu'il appelle gouvernement royal
de France.

» *Je ne vous donne donc point une mission spéciale, ce qui serait*
au-dessous de la dignité du Roi ; mais j'accepte vos offres de
chercher à vous rendre utile dans ce voyage à la France, aux colons
et à toutes les castes divisées qu'il serait si raisonnable, pour elles-
mêmes, de faire rentrer dans l'ordre social et monarchique

Il ne faut pas être doué de beaucoup de pénétration pour se con-
vaincre que ce sont des espions ; le ministre ne se le dissimule pas, ce
n'est pas une *mission spéciale, ce qui serait au-dessous de la dignité*
du roi de France. D'après le contenu de ces instructions, quel est celui

B

qui peut douter que la mission secrète de ces trois espions, n'en soit une de corruption atroce, perfide, au-dessus de toute expression ?

Poser en principe que la dignité de son souverain, serait compromise; quelle logique ! comme si la dignité d'un roi pouvait être compromise en traitant avec un autre roi comme lui.

Que ce ministre est de mauvaise foi, lorsqu'il parle de dignité ! est-il plus honorable de faire partir clandestinement des espions stipendiés, pour semer le trouble et la désunion, au lieu d'envoyer des ambassadeurs traiter loyalement des intérêts de son roi ?

Mais il a mieux aimé hasarder de compromettre son souverain, par une démarche aussi absurde, dérisoire, qu'elle est infâme, lorsqu'il lui eût été si glorieux de le porter à réparer les injustices et les crimes que le précédent gouvernement avait commis envers nous ! Entraîné, dis-je, par les factions des colons et des trafiquans de chair humaine, aveuglé par ses intérêts particuliers, comme ex-colon, il n'a pas craint de trahir les véritables intérêts de sa patrie !

Il semble accepter les offres de ses espions, tandis que ces prétendues offres viennent de lui-même.

Quelle affreuse manière de se rendre utile à la France, aux colons et à toutes les castes divisées ? Ces castes avaient-elles demandées l'interposition du ministre Malhuet ? elles se seraient fort bien passées des raisons qu'il allègue de les faire rentrer dans son prétendu ordre social et monarchique, comme si le peuple d'Hayti n'avait pas un ordre social et monarchique, autrement libéral que celui qu'il veut nous gratifier; ces castes sauront bien se réunir sans l'interposition des infâmes colons.

« Colon moi-même et connu à Saint-Domingue, je suppose que le chef Christophe n'ignore pas que j'étais d'avis, il y a vingt-cinq ans, d'améliorer la condition des noirs en maintenant, toutefois, un régime de subordination et de police, sans lequel les colonies ne sauraient exister.

Le roi et beaucoup d'haytiens n'ignorent point vos qualités, sans que vous preniez la peine de les décliner; nous savons, M. le ministre

Malouet, que vous fûtes colon d'Hayti ; vous n'êtes même que trop connu parmi nous ; nous possédons votre filiation [1].

Si S. M. Louis XVIII avait connaissance de vos ouvrages, particulièrement du contenu des tomes IV et V des Collections de vos Mémoires sur Saint-Domingue, vous n'auriez pas été chargé d'aucune relation avec les haytiens, par la juste prévention que vos écrits nous ont inspiré. Vos secrètes instructions viennent encore nous confirmer dans l'opinion défavorable que nous avions de vous.

» *Vous pouvez donc entrer en explication avec lui. S'il se déclare fidèle sujet du Roi, s'il veut concourir sincèrement au rétablissement de l'autorité royale, je serai le premier à solliciter pour lui et pour les plus méritants de sa caste toutes les grâces dont ils sont susceptibles.*

La supposition injurieuse que le grand Henry puisse se déclarer fidèle sujet de S. M. Louis XVIII est aussi ridicule qu'offensante ; c'est un outrage à la majesté royale, et une insulte au peuple généreux qui l'a couronné ; ce serait supposer qu'un roi pût dire à un autre, brisez votre couronne en éclats, pour devenir, non mon frère, mais mon sujet !

Pour concourir au rétablissement de l'autorité royale dont s'agit, il faudrait, d'après M. Malouet, qu'Henry dit à ses concitoyens, aux agriculteurs : « Recevez vos tyrans, vos bourreaux, vos persécuteurs sur

---

[1] Un sieur Lataste, blanc, chirurgien, devenu Chevalier de Saint-Louis, commandant le Quartier de Maribaroux, dut sa fortune à M. Pierre Larade, noir, qui lui fit don d'une habitation sucrerie. Ce Lataste épousa mademoiselle Belorme, *femme de couleur*, et en eut une fille quarteronne, qui se maria avec un sieur Beliotte aussi propriétaire d'une sucrerie au quartier de Maribaroux ; de ce mariage est issue une demoiselle Beliotte, épouse du sieur baron Malouet, Ministre de la marine et des colonies ; donc M. Malouet fils, préfet du département de la Marne, descend des africains du côté maternel, au 4.e degré ; il est dans la triviale et peu décente expression employée aux îles, un franc *couyanne* ; ce qui veut dire même origine que les hommes de couleur, et ce qui rend doublement odieuse la persécution que M. son *Père* exerce contre ses descendans.

vos habitations, répandez encore vos sueurs, fertilisez vos champs, pour satisfaire à leur luxe, à leur vanité; soumettez-vous à ne rien posséder en propre, préparez-vous à recevoir des châtimens, à éprouver des vengeances; enfin, renoncez à la liberté que vous avez acquise, à la qualité d'homme que vous tenez de la nature, pour devenir esclaves » !

Aux militaires, ses compagnons d'armes, avec lesquels il a si souvent volé à la victoire : « déposez vos armes, flétrissez vos lauriers, renoncez à votre gloire, retournez aussi chez vos tyrans; allez désormais travailler pour eux ;' vous Colonel de tel régiment, foulez aux pieds ces épaulettes, marques honorables de votre bravoure et de votre bonne conduite; brisez cette croix, le prix de la valeur guerrière que je vous ai délivré; vos glorieuses mains, habiles à manier le fer victorieux, accoutumées au commandement, doivent reprendre les honteuses chaînes de l'esclavage! Ce cœur généreux qui défendit la patrie, que ni sièges, ni combats, ni redoutes, ni assauts, n'ont pu émouvoir, doit s'avilir à exécuter les ordres d'un tyran, d'un bourreau, plus vil encore que vous n'allez le devenir ».

« Soldats, qui avez pris l'honneur pour guide, vos drapeaux pour demeures honorables, et le champ de bataille pour glorieuse sépulture; vous qui avez toujours vu fuir devant vous les vils suppôts de la tyrannie, votre oreille si sensible au bruit des armes, aux cris de la victoire, écouterait !....

» Peuple d'Hayti, j'ai manqué à mes sermens, à ce serment royal, que je prononçai à la face des autels du dieu des armées; je renonce à mes titres, à ma gloire, à ce trône brillant où vous m'avez élevé pour faire votre bonheur et consolider vos droits; moi et quelques-uns de mes principaux officiers généraux, nous ne sommes plus noirs, nous avons obtenu des *lettres de blancs*, le roi de France nous considère comme blancs » !

Malheureux ! puisque la soif de l'or vous aveugle au point d'abandonner tout sentiment de pudeur, je vous rétorque par ce dilemme : « renoncez à votre propre couleur, trahissez vos devoirs, nous vous » donnerons autant d'or que vous en pourrez souhaiter; vous deviendrez » parmi nous, un grand seigneur et un officier général; le roi Henry

» vous

» vous donnera des lettres de noir ; sa puissance royale vous rendra
» devant le trône et la loi, et dans les habitudes sociales semblable à
» l'haytien le plus noir du Sénégal [1] ».

Misérable ! il n'y avait que des gens capables de semblables abomi-
nations qui pussent les proposer.

Il fallait être aveuglé comme vous l'êtes , pour penser qu'un homme
qui vous a déjà donné tant de preuves de sa magnanimité , de son courage, lorsque combattant avec une poignée de braves, pour sa liberté
et celle de ses semblables, réduit à vivre dans les bois, manquant de tout,
il a rejeté avec une noble indignation les offres présentées comme les
plus brillantes , consentirait maintenant à s'avilir ! ! !

Celui qui vous disait : « quel bonheur , quelle fortune , quel sort
» magnifique pour moi et ma famille , eût pu me consoler jamais de
» la douleur de voir mes semblables réduits au dernier degré de l'infor-
» tune , sous le poids de l'esclavage [2] ».

Celui qui vous disait encore : « quelque sort qui m'attende , je trou-
» verai ma félicité dans celle de mes frères , dût-elle être scellée de
» mon propre sang [3] ».

Ce prince , dis-je , ne devait pas s'attendre au déshonneur que vous
avez l'infamie de lui proposer ; qui pouvait donc vous autoriser à le
soupçonner capable de cet excès d'indignité ?

Et Nous, quelle raison a-t-on de croire que nous puissions nous avilir ?
Depuis quant les vainqueurs sont-ils un objet de mépris pour les vaincus ?

Si nous avions la lâcheté d'écouter de semblables propositions , et de
faire quelque chose d'indigne de nous , quel triomphe donnerions nous
à nos détracteurs ? en renonçant à la qualité d'homme, en nous abaissant
au rang de la brute ; nos vertueux protecteurs , les philantropes , ne
s'écrieraient-ils pas avec raison : « en effet , ils étaient indignes du nom

---

[1] Allusion à la lettre de Dauxion Lavaysse , qui promet au roi Henry *des lettres
de blanc* , et avance que le roi de France le rendra *semblable devant le trône et la
loi , et dans les habitudes sociales à l'homme le plus blond de la Picardie.*

[2] Voyez la Correspondance du Roi avec Leclerc , imprimée à la suite du
Manifeste de Sa Majesté.

[3] Voyez aussi la même Correspondance.

C

» d'hommes, et des vœux et des efforts que nous faisions en leur
» faveur » [1].

Le roi Henry et les haytiens méprisent les faveurs empoisonnées que
vous présentez.

» *En prenant, sans tergiversation le seul parti que la raison et
son intérêt lui conseillent, il peut tout espérer ; en annonçant de
trop hautes prétentions ou en laissant croire qu'il hésite à se
déclarer fidèle sujet du Roi, il a tout à craindre ; et, pour le lui
prouver, vous n'aurez qu'à lui rendre un compte fidèle de ce que vous
avez vu en France et de ce que vous connaissez des dispositions de
toutes les puissances maritimes devenues aujourd'hui nos alliés.*

» *Je joins au surplus à la présente lettre des instructions plus
détaillées dont vous ne vous écarterez pas.*

» *Recevez, Messieurs, l'assurance de ma considération,*

» *Le Secrétaire d'État, Ministre de la Marine et des Colonies,*

» *Signé MALOUET* ».

Le roi Henry Ier a pris sans tergiversation, le seul parti que sa raison,
son intérêt, sa gloire et le salut de son peuple lui conseillent. S. M. espère
tout du courage de sa fidèle noblesse, de la bravoure et de la fidélité de
ses troupes, de l'amour, de l'attachement et du patriotisme des hâytiens,
de la bonté de sa cause : *Dieu, sa cause et son épée*; voilà sa devise
royale : *Liberté, Indépendance, Guerre à mort aux Tyrans, et
à leurs Adhérens*; voilà celle du peuple.

Quoique nous ne vous contestions pas que vous soyez mieux initié
que nous dans le machiavélisme de la politique, cependant nous savons
aussi bien que vous les dispositions franches et loyales des puissances
maritimes à notre égard, nous en avons des preuves incontestables.

Nous savons que le cabinet français a adopté l'abominable trafic de
la traite pour cinq ans, dans les vues de remplacer notre population,

après l'avoir exterminée ; nous savons aussi que le grand Empereur Alexandre de Russie, a hautement annoncé, qu'il soutiendrait de tout son crédit la cause des africains, dans l'abolition de la traite ; nous savons encore que le vertueux prince Régent d'Angleterre et la grande nation britannique ont témoigné avec une glorieuse unanimité leur douleur, de ce que ce trafic infâme n'avait pas été aboli par la France ! et qu'ils veulent que cette clause honteuse du traité soit définitivement détruite au congrès de Vienne !

Enfonçons dans ce labyrinthe de machinations perfides que le ministre qualifie d'instructions pour ses espions.

INSTRUCTIONS pour MM. DAUXION LAVAYSSE, DE MÉDINA et DRAVERMANN.

Les intentions paternelles de Sa Majesté étant de rétablir l'ordre et la paix dans toutes les parties de ses états par les moyens les plus doux, elle a résolu de ne déployer sa puissance pour faire rentrer les insurgés de Saint-Domingue dans le devoir, qu'après avoir épuisé toutes les mesures que lui inspire sa clémence. C'est plein de cette pensée, que le Roi a porté ses regards sur la colonie de Saint Domingue. En conséquence, quoiqu'il ait donné ordre de préparer des forces majeures et de les tenir prêtes à agir si leur emploi devenait nécessaire, il a autorisé son Ministre de la marine et des colonies à envoyer à Saint-Domingue des agens pour prendre une connaissance exacte des dispositions de ceux qui exercent actuellement un pouvoir quelconque, de même que de la situation où s'y trouvent les choses, et les individus de toute classe. Sa Majesté est disposée à faire des concessions et des avantages à tous ceux qui se rangeront promptement à l'obéissance qui lui est due et qui contribueront au rétablissement de la paix et de la prospérité de la colonie. C'est d'après le rapport que lui fera son Ministre de la marine, lorsque ce ministre aura entendu celui des agens ci-dessus désignés, qu'il déterminera la mesure de ces concessions.

Les intentions paternelles de S. M. Louis XVIII. qui sont nous nous plaisons à le croire, plutôt les vôtres, et celles de la faction des colons, sont atroces; les moyens que vous appelez les plus doux de rétablir l'ordre et la paix, sont affreux; ils sont semblables à ceux que Bonaparte employait lorsqu'il envoyait son beau-frère Leclerc, non pour rétablir l'ordre, mais pour le bouleverser, non pour arrêter l'effusion de sang, mais pour le faire couler par torrens.

Nous avons conquis notre indépendance sur le gouvernement français. Depuis onze années le royaume d'Hayti ne fait plus partie des états de la France.

Aucun gouvernement quelconque ne peut émettre aucune prétention à la souveraineté d'Hayti.

Nous avons un souverain de notre choix que nous chérissons; nous ne changerons pas sa domination paternelle pour celle d'aucun monarque de l'univers.

Les insurgés de St Domingue comme nos ennemis nous appellent, sont un peuple libre, qui ne craint pas le déploiement de la puissance française. Nous sommes préparés pour la plus opiniâtre résistance. L'on doit supposer que depuis l'époque où nous avons expulsés les français, nous avons pris nos mesures pour les réexpulser de nouveau.

Quels sont ce qu'on nomme concessions et avantages, et qu'on nous offre si libéralement? l'esclavage ou la mort.

Quelle obéissance devons nous à un souverain étranger? aucune.

MM. Dauxion Lavaysse, de Medina et Dravermann désignés au Roi pour remplir cette mission se rendront incesssamment, soit à Porto-Rico, soit à la Jamaïque par un des paquet-bots anglais qui font voile de Falmouth régulièrement deux fois chaque mois. De celle de ces îles où ils auront debarqué, ils passeront à Saint-Domingue et ne s'y montreront d'abord que comme gens qui viennent préparer pour leur compte, ou pour celui de quelque maison de commerce, des opérations de ce genre. Deux d'entr'eux se mettront le plutôt qu'ils pourront, mais avec beaucoup de circonspection,

pection, en rapport avec Péthion et son second Borgella : le troi-
sième fera de même à l'égard de Christophe. Ce ne sera qu'après
avoir sondé adroitement les dispositions de ces chefs , après avoir
pris connaissance de leurs moyens intérieurs , de leur plus ou moins
de prépondérance dans l'île , de l'esprit de toutes les classes subor-
données , qu'ils s'ouvriront davantage à eux , et ils n'iront jusqu'à
leur donner connaissance de leurs lettres de créance que lorsqu'ils
jugeront que le moment en est venu. On ne saurait à cet égard , leur
tracer une marche précise ; on s'en repose donc sur leur prudence.

Le prétexte à employer par les espions de ne se montrer à Hayti que
comme gens qui viennent préparer pour leur compte ou pour celui
de quelque maison de commerce , des opérations de ce genre , n'est
pas mal inventé. Deux de ses espions doivent se mettre le plutôt qu'ils
pourront, mais avec beaucoup de circonspection en rapport avec les généraux Pétion et Borgella, le 3° fera de même à l'égard du roi. Voilà donc comment devait débuter les espions ; à merveille ! sonder adroitement les dispositions des généraux , après avoir pris connaissance de leurs moyens
intérieurs , de leur plus ou moins de prépondérance dans l'île , c'est-à-dire
établir un système de corruption , d'espionnage , d'intrigues ; ne s'ouvrir
davantage aux généraux, et n'aller jusqu'à leur donner connaissance de
leurs prétendues lettres de créance, que lorsqu'ils jugeront que le moment
en sera venu ; c'est-à-dire lorsqu'ils auront pu gagner quelques-uns à
leur parti. N'est-ce donc pas là un véritable espionnage ?

Ces fameuses lettres prétendues de créance dont parle le Ministre ,
signées de sa propre main , dont les originaux sont déposés dans les
archives du roi , ont été imprimés , et sont en la possession de tous les
haytiens ; c'est avec raison que nous avons rendu grâces au Tout-Puissant
qui a permis que ce chef-d'œuvre de perfidie tombât en nos mains pour
confondre nos détracteurs et nos tyrans !

Lorsqu'ils en seront venus au point de traiter, franchement,
avec ces chefs , ils discuteront un plan d'organisation politique

D

qui leur agrée et qui soit tel que le roi puisse consentir à l'accorder.
Ils recevront de ces chefs l'assurance qu'ils adhéreront à ce plan,
et que, protégés par la puissance royale, ils rangeront à l'obéissance tous leurs subordonnés. De leur côté, les agens, sans signer
aucun traité formel, chose qui ne serait pas de la dignité du Roi,
assureront aux chefs que Sa Majesté est disposée à accorder ce
dont on aura été convenu, et qu'elle le fera connaître aussitôt
leur retour en France, par une déclaration émanée de sa grâce.
Ils pénétreront en outre ces chefs de cette vérité, que ce que le
Roi aura une fois déclaré sera irrévocablement et religieusement
observé.

A-t-on donc pu se flatter de traiter franchement, c'est-à-dire perfidement
sur des semblables bases ? A-t-on donc pu se flatter que nous adopterions
le plan d'organisation politique de nos ennemis ? A-t-on donc pu se
flatter que le roi Henry pourrait inculquer de tels principes aux haytiens ?

Il n'est pas répété encore le Ministre de la dignité de Sa Majesté
Louis XVIII que les soi-disans agens signent aucun traité ; pitoyable
raison ! Mais ses soi-disans agens peuvent impunément faire entendre
un langage insultant, offrir d'humiliantes conditions à un roi, à une
nation guerrière qui se sont élevés par les armes, qui ont le sentiment
de leur véritable dignité, et le noble orgueil d'avoir coopéré comme
les autres puissances européennes à la chute de l'oppresseur des rois et
des peuples !

L'on veut que des guerriers qui ont les armes en mains se contentent
de la disposition qu'on leur annonce, de leur accorder ce qu'on suppose
avoir été convenu, et qu'on le leur fera connaître par une déclaration
émanée de la grâce de S. M. Louis XVIII.

Est-il possible d'émettre raisonnablement de telles pensées et d'employer de semblables expressions ?

Le ministre Malouet voudrait donc nous faire mépriser ce qu'il
appelle la grâce du roi de France !

*Si ces chefs sont comme on l'assure des gens instruits et éclairés
[particulièrement Péthion et Borgella] ils sentiront qu'il ne suffit
pas pour eux, et pour les leurs successivement en descendant,*

d'obtenir des avantages, mais qu'il faut aussi les rendre solides ;
ils reconnaîtront que, pour être tels, ces avantages ne doivent
être exagérés, ni en mesure pour eux-mêmes, ni en extension à
la généralité ; ils verront bien que si la grande masse des noirs
n'est pas remise et maintenue dans un état d'esclavage, ou tout
au moins de soumission semblable à celui où elle était avant les
troubles, il ne peut y avoir ni tranquillité, ni prospérité pour la
colonie, ni sûreté pour eux-mêmes. Ils verront encore que pour
que cette classe nombreuse qui constitue le peuple dans la colonie,
demeure soumise à un régime exact quoique modéré, il faut que
l'intervalle qui la sépare de l'autorité suprême soit rempli par des
intermédiaires, et que l'exemple d'une prééminence et d'une
obéissance graduées, lui rende son infériorité moins frappante.
D'après ces considérations, il est raisonnable de supposer que
Péthion et Borgella, satisfaits d'obtenir faveur entière, pour eux,
et pour un petit nombre des leurs qui sont les instrumens nécessaires, consentiront, sans difficulté, à ce que leur caste, en
acquérant la presque totalité des droits politiques, reste pourtant,
à quelques égards, un peu au-dessous de la caste blanche ; car
d'une part, l'assimilation totale à eux accordée sera plus saillante
et plus flatteuse ; et de l'autre, leur caste sera d'autant plus assurée
de maintenir la caste noire libre et par celle-ci les noirs non libres
à la distance où il lui importe de les maintenir, qu'elle aura elle-
même laissé subsister une petite différence entr'elle et les blancs.

Le ministre Malouet commence par flatter les généraux Péthion et
Borgella, pour les faire mieux tomber dans les pièges qu'il leur tend ;
faut-il que la sévère vérité m'oblige d'avouer que les haytiens de
couleur n'ont malheureusement que trop prouvé qu'ils se sont laissés
entraîner trop souvent à la séduction du cabinet français, et qu'ils
ont donné lieu à la supposition injurieuse qui leur est faite ; ils ont à
se justifier à leurs propres yeux, à ceux de leurs compatriotes, de
ces odieuses allégations ; espérons que la triste expérience du malheur
les ramenera à ce qu'ils doivent à eux-mêmes, à leur souverain, à
leurs concitoyens.

Le caractère prononcé du Roi, l'incorruptibilité de sa conduite, son énergie, sa détermination que le ministre savait déjà, par la voie des papiers publics, lui ont mérité son honorable exclusion, n'ayant rien à compter sur lui; delà, les basses adulations aux généraux Pétion et Borgella, ces qualifications présentées comme une coupe empoisonnée de *plus particulièrement instruits et éclairés.*

En caressant ces deux généraux, nous avons reconnu le même plan d'Hédouville, celui du cabinet français et des colons, de se créer par tous les moyens imaginables un parti à Hayti, et alors vous avez jeté complaisamment les yeux sur ces deux officiers pour vos champions; mais la cause des haytiens, comme leur couleur est une, quelque soient les teintes plus éclaircies dont il a plu au créateur de nuancer leur épiderme. Nous sommes tous noirs, nous sommes contents de notre couleur, comme les blancs sont satisfaits de la leur, noir est notre type primitif et la désignation générique des haytiens! C'est en vain que nos éternels ennemis voudraient trouver dans les diverses nuances de nos fronts des motifs de désunion, nous sommes tous haytiens, nous exécrons tous les colons, nous avons tous éprouvés les effets de leur barbarie!

Pourrait-il se trouver parmi des haytiens qui connaissent la perversité de la politique française, qui en ont été tant de fois victimes, un seul qui voulût opprimer ses propres concitoyens, en servant d'instrument à nos tyrans? j'ai peine à le croire, malgré les écrits que j'ai sous les yeux. Je suppose même qu'on aurait réussi à gagner les généraux Pétion et Borgella; qu'en résulterait-il? qu'ils seraient immolés immanquablement par la main de leurs propres concitoyens.

Eh! mes concitoyens, serait-il donc si facile d'essayer de vous replonger dans les fers? J'en appelle particulièrement à vous, militaires mes frères d'armes, renonceriez-vous à 25 ans de liberté, à 11 d'indépendance; quitteriez-vous la casaque militaire pour vous soumettre à l'esclavage, pour devenir le jouet et la risée de vos oppresseurs? ne méconnaîtriez-vous pas l'autorité de vos généraux, s'ils pouvaient chanceler un moment? Que dis-je? s'il pouvait se trouver à Hayti un officier assez aveuglé, assez ennemi de lui-même, pour prêter l'oreille

aux

aux propositions dégradantes des français, assez vil pour vous parler en leur faveur, pour opprimer ses concitoyens, quelque confiance que vous puissiez avoir en lui, quelques fussent ses services, du moment que ses projets seraient connus, mille bras levés contre lui ne l'auraient-ils pas immolés à la sûreté générale ?

Mais les haytiens de couleur connaissent leurs vrais intérêts ; ils savent que tous les haytiens sans distinction de couleur, doivent jouir de la plénitude de leurs droits ; ils savent qu'il ne peut y avoir de tranquillité, de prospérité pour Hayti, de sûreté et de bonheur pour eux-mêmes qu'avec leurs frères et leurs parens les noirs, avec eux, et parmi eux ; ils savent que chaque fois qu'ils ont été persécutés par les blancs français, ils se sont toujours réfugiés dans les bras de la vertueuse souche maternelle, leur origine et leur refuge ordinaire, qui les a toujours accueillis comme ses enfans ; et qu'au contraire leur orgueilleuse souche paternelle, les a toujours méprisés, dédaignés et cherchés à les anéantir ; ils savent que ce n'est qu'à l'ombrage de cette tendre souche maternelle, et étayés par elle, qu'ils pourront exister ; ils mépriseront cette ridicule *intervalle de l'autorité supréme* dont parle le ministre [qui sont les blancs] et ils n'auront pas besoin de cette *prééminence*, de cette *obéissance graduée*, de cette *inferiorité moins frappante*, qui sont autant de marques d'opprobres et d'infamie dont on veut les couvrir.

Prééminence, obéissance graduée, inferiorité moins frappante ! Quelles expressions ! quelle infernale pensée elles renferment ! elle est bien digne de l'auteur du régime des précautions, de l'abominable chef des colons.

Comment peut-il être raisonnable de supposer que de semblables considérations puissent être consenties par aucun haytien, et qu'il en existe d'assez vils pour être satisfaits d'obtenir ce que l'on appelle faveur entière pour eux et pour un petit nombre des leurs qui seront les instrumens nécessaires ? Instrumens nécessaires ! haytiens ne sentez-vous pas comme moi, toute la force, l'étendue et la signification de ces mots ? Nos implacables ennemis veulent faire des haytiens, qu'on appelle de couleur, les instrumens nécessaires avec lesquels ils prétendent réduire sous le joug la population d'Hayti ! Ne savons-nous pas que l'on brise les instrumens lorsqu'ils ne sont plus nécessaires ?   E

Quelle platitude, que cette petite marque de gradation de couleurs ?

Quel machiavélisme dans le calcul de ces teintes et de ces dinstinctions ! c'est un ministre français qui le propose d'accorder cette suprématie ridicule et dégradante, comme si ces préjugés que nous avons foulés aux pieds, pouvaient encore exister avec les lumières que nous avons acquises. Un honnête homme noir ou jaune, n'est-il pas l'égal d'un honnête homme blanc ? peut il y avoir un motif flatteur dans cette égalité ? N'étions-nous pas tous esclaves noirs ou jaunes dans l'ancien régime puisque le sort de ceux qu'on qualifiait de libres, était de gémir sous l'empire d'une opinion fléurissante, qui s'étendait même jusqu'à la sixième génération, en supposant une co-habitation non interrompue avec la couleur blanche ?

On insiste beaucoup sur ce point parcequ'il doit être le premier pas dans la négociation. Il est bien important de conserver aux blancs une prééminence quelconque sur les gens de couleur du 1e ordre; sauf à admettre absolument et sans restriction aucune, Péthion, Borgella et quelques autres, dès à présent, parmi les blancs, et à donner, par la suite, sobrement, de temps à autre des lettres de blancs à quelques individus, que leur couleur éloignée du noir, leur fortune, leur éducation, leurs services auront rendus dignes de cette faveur.

Voilà le pivot autour duquel roule tout l'échafaudage des instructions des espions, de conserver aux blancs leur prééminence, sauf à donner par la suite sobrement de temps à autre des lettres de blancs, à quelques individus que leur couleur éloignée du noir, *éloignée du noir!* Vous l'entendez mes concitoyens, les noirs n'ont rien à prétendre de la faveur de nos ennemis, et s'ils ont l'air de vouloir accorder ce qu'ils nomment concessions aux hommes de couleur, n'est-ce pas pour en faire des instrumens, comme ils l'ont avoués eux-mêmes ? mais qu'ils s'abusent! il ne se trouvera pas un haytien qui détachera sa cause de celle de ses semblables; il ne s'en trouvera aucun qui voudra renoncer à la qualité d'homme libre et indépendant pour devenir le jouet et l'esclave de ses bourreaux.

Si Péthion tombe d'accord de placer l'homme de couleur, jusqu'au mulâtre inclusivement, un peu au-dessous du blanc, il devient beaucoup plus facile de restreindre les priviléges de la caste au-dessous de celle-là (composée des nuances entre le mulâtre et le nègre) et ceux des negres libres, si l'on établit ces trois castes intermédiaires entre le blanc et le nègre esclave. Partout il est singulièrement recommandé à MM. Dauxion Lavaysse, Médina et Dravermann de se rapprocher le plus qu'il leur sera possible de l'ancien ordre de choses colonial, et de ne s'en écarter que là où il leur sera démontré impossible de faire autrement ; et toujours, dans leurs conférences avec les chefs sur ces matières, ils doivent partir de ce principe que le Roi ne concède que parce qu'il veut concéder, et que, loin d'admettre des prétentions exagérées, il n'accordera rien et fera sentir sa puissance dans toute son étendue, si ses faveurs sont repoussées. En effet, qui doute que si le roi de France voulait faire peser toutes ses forces sur une portion de sujets rebelles qui sont à peine un centième de la population de ses états ; qui n'ont en eux, ni chez eux, aucun des grands moyens militaires moraux ou matériels de l'Europe, qui seront privés de tous secours extérieurs ; qui doute, disons-nous, qu'il ne les réduisît, dût-il les exterminer ? MM. Dauxion, de Médina et Dravermann durant le cours de leur négociation doivent, sans cesse, avoir cette considération sous les yeux, la présenter sans affectation, sans menaces, à ceux des chefs, et placer toujours à côté de la bonté du Roi, sa puissance. Il n'est, pour ainsi dire pas douteux que s'ils font bien usage de ces moyens, ils ne parviennent à prévenir la nécessité d'employer la force, sans trop accorder. Ils y réussiront, surtout s'ils font bien sentir à Péthion et autres, que leur situation actuelle, s'ils sont abandonnés à eux-mêmes, est extrémement précaire ; que bientôt la caste des mulâtres, infiniment moins nombreuse que celle des noirs, sera écrasée par celle-ci ; que la colonie sera en proie à des factions dont les chefs seront successivement abattus par des compétiteurs plus heureux pour le moment ; qu'une paix durable étant conclue *entre la France et toutes les puissances maritimes, nul pavillon étranger ne pourra aborder dans les ports de Saint-Domingue et qu'il suffira au Roi de six frégates pour interdire aux habitans actuels de cette île toute communication avec le dehors ; que ces habitans cultiveraient vainement les riches productions du sol, puisqu'ils ne pourraient les échanger contre les objets qui leur manquent ; et qu'ils seraient bientôt réduits à vivre comme des sauvages privés de tous les avantages de la civilisation européenne.*

Les espions sont singulièrement recommandés de se rapprocher le plus qu'il leur sera possible de l'ancien ordre de choses colonial etc.

Qu'avons nous besoin d'en savoir davantage ?

Haytiens, mes Compatriotes, la longue liste des crimes des colons ne se déroule-t-elle pas ici à vos regards ? Ne voyez-vous pas qu'on veut rétablir toutes les horreurs dont vous avez été les tristes et infortunées victimes, les vexations, les oppressions, les tourmens, les outrages que vous avez essuyés et endurés ? ne voyez-vous pas que vos oppresseurs veulent faire ressusciter parmi vous, l'affreux système colonial, ce breuvage d'amertume dont vous avez vidé si heureusement la coupe !

Tant de combats, de sang répandu pour la conquête de vos droits, tant de sentimens et de résolutions magnanimes qui honorent votre caractère, ne seront pas perdus pour vous et votre postérité ! contenez votre bouillante ardeur, afin de faire payer chèrement à nos ennemis l'insulte qu'ils osent nous faire.

On a l'audace d'appeler prétentions exagérées la réclamation que nous pourrions faire de l'imprescriptibilité de nos droits ! O honte ! c'est dans le 19ᵉ siècle qu'on ose tenir un tel langage, et c'est parmi les français ces prôneurs de liberté, qui vantaient la philosophie, qu'on trouve des gens qui veulent faire rétrograder leur nation vers la barbarie, en apostasiant les principes qu'ils avaient parus professer !

Nos prétentions ne sont point exagérées ; elles portent avec elles leur caractère de justice et de loyauté ; ce sont celles de toutes les nations civilisées.

Nous

Nous avons bravé et repoussé la puissance colossale de Bonaparte, nous braverons et repousserons de même celle dont on nous menace.

Avons-nous besoin dans notre position insulaire , d'avoir pour nous défendre en nombre la centième partie de la population de la France ? Quelque soient la force , les grands moyens militaires moraux ou matériels de nos ennemis , notre force est plus que suffisante pour les repousser ; nos moyens moraux sont plus réels que ceux des français ; nos moyens matériels sont ici plus formidables que tous ceux qu'ils pourront employer contre nous ; la tactique haytienne a déjà triomphé de la française , enfin nos moyens ont vaincu les grands moyens des français.

Ici se présente avec la plus vive horreur , le projet infernal de notre destruction !

L'extermination d'une nation qui s'est élevée par sa valeur et son énergie au point de gloire où elle est parvenue, dans la supposition où elle ne voudrait pas s'avilir et renoncer à cette même gloire, est exposée avec le plus criminel sang froid, comme la chose la plus indifférente, qui ne doit même éprouver aucun obstacle ! Qu'elle affreuse perversité !

Au moment où je terrasse le machiavélisme du cabinet français à notre égard, les Desfourneaux, les Drouin de Bercy, les Charault, les Berquin , les Malenfant , et tant d'autres misérables ex-colons, prêchent le meurtre et l'assassinat des haytiens ; ils veulent égarer l'opinion publique ; ils érigent en principes notre destruction totale pour la remplacer par une population arrachée à l'Afrique !

C'est donc en vain que la mémoire des farouches destructeurs de l'Amérique aurait été flétrie ; c'est donc en vain qu'on aurait déversé l'ignominie sur ces grands criminels , puisque dans le siècle éclairé où nous vivons, une puissante nation , se propose de renouveller ces scènes horribles qui ont souillé les pages de l'histoire, et qui sont la honte des gouvernemens qui les ont exercées !

Qui ne frémirait pas d'indignation à ce système de dépopulation de ces nouveaux Robespierre du jour ?

La crainte d'être exterminés peut-elle influer sur la résolution d'hommes généreux amans de la liberté qui préfèrent la mort à l'ignominie ?

Il était très-douteux, ministre, que vos espions faisant usage de vos
moyens, parvinssent à prévenir la nécessité que vous paraissez redouter
d'employer la force sans trop accorder. Delà, la maligne insinuation
que vous faites aux généraux Pétion et Borgella ; plan favori de nos
ennemis de gagner une partie de la population pour combattre l'autre ;
mais ce n'est pas après vingt-cinq ans d'expérience qu'on pourra tromper
encore les hayliens ; nous avons trop appris à nos dépens, à connaître
nos ennemis, nous avons trop appris à nous défier de leurs piéges ;
nous n'avons pas oublié ces mots fameux de la proclamation du
Premier Consul de France, *vous êtes tous libres et égaux devant
Dieu et les hommes*, tandis qu'on venait nous attaquer sans défense
pour nous réduire dans la captivité !

Les hayliens n'ont point d'autre pays qu'Hayti ; c'est le seul où ils
puissent lever leur front, exercer les nobles facultés de leur être, jouir
de la liberté et de leurs droits politiques, sous le gouvernement juste et
paternel de notre roi bien aimé.

Si la France a conclue la paix avec les puissances maritimes, ce
n'est pas une raison ni un motif, pour les sujets de ces puissances, qui
connaissent la facilité, l'aisance, la sûreté de leurs relations commer-
ciales avec nous, et la protection que leur accorde notre auguste
souverain, de se priver individuellement des avantages du commerce
de nos riches productions ; mais serions nous privés totalement de leur
présence, n'avons nous pas chez nous, nos ressources territoriales qui
ne peuvent nous manquer ? l'expérience ne nous a-t-elle pas prouvé
que six, douze, quinze frégates, une flotte entière, ne pourrait pas
bloquer si strictement nos ports pour empêcher nos amis de commercer
avec nous. Mais quels seraient les objets qui pourraient nous manquer
à la longue ? Des armes, des munitions, des habillemens ? nous en
avons pour nourrir la guerre pendant long-temps ; nous avons aussi la
certitude que nos ennemis en apporteront et renouvelleront les nôtres.
Le baron Malouet peut-il ignorer dans quelles mains ont tombé le
matériel et la majeure partie des armemens, habillemens et équipemens
de l'expédition de Leclerc ?

Nous savons certainement apprécier les avantages de la civilisation, nous aimons sans doute et cultivons les arts, enfans de la paix; nous sommes sociables nous avons des lois, des mœurs et des vertus, nous pratiquons l'hospitalité, nous accueillons comme des amis et des frères l'étranger honnête qui commerce avec nous.

A l'invasion de notre territoire, lorsqu'il s'agira de conserver notre indépendance, de défendre notre vie et notre liberté; pourrions nous regretter aucun sacrifice? pourrions nous regretter le séjour des villes, ces comptoirs établis sur le bord de nos plages, et de tous les lieux que nous jugerons à propos d'abandonner à l'ennemi, jusqu'à ce que nous puissions les en chasser efficacement? N'avons-nous pas des établissemens dans l'intérieur de notre île? Serions-nous mêmes obligés de vivre dans les bois, nous ne cesserons pas d'être chez-nous, partout où nous serons à Hayti, nous serons toujours bien. Quant les peuples opprimés veulent repousser leurs ennemis, regrettent-ils des sacrifices momentanés, et ne savent-ils pas faire choix des moyens et des lieux les plus avantageux pour combattre avec succès leurs ennemis?

L'on nous compare à des peuples efféminés qui ne savent pas supporter les privations; l'on ignore donc que nous ne savons pas ce qu'on appelle privations. Le soldat haytien qui par dessus tout estime sa liberté, est inaccessible aux intempéries de l'air, aux fortes avalasses des pluies, comme aux rayons d'un soleil brûlant, n'ayant besoin à la rigueur que de simples vêtemens, se contentant pendant plusieurs jours d'un seul épi de mays, boucanné pour nourriture, ou de quelques fruits des montagnes, ne buvant que de l'eau, se passant gaiement des superfluités de la vie; avec un tel caractère, on a la simplicité de croire que des hommes de cette trempe puissent être émus par de si petites considérations que celle de privations! les ex-colons français, cependant qui ont souillé trop long-temps notre territoire, doivent connaître assez notre genre de vie et notre sobriété.

Ces considérations doivent nécessairement frapper Péthion et Borgella, et ils reconnaîtront que si le Roi s'abstient actuellement des moyens de contrainte, c'est parce qu'il veut le bonheur de ses sujets de toutes les classes, et parce qu'il ne suppose pas que ses vues bienfaisantes trouvent des obstacles qu'il faudrait renverser. Convaincu que les habitans actuels de Saint-Domingue, las des troubles qui les agitent depuis vingt-cinq ans, s'empresseront de jouir des avantages certains que leur offre son gouvernement paternel : Sa Majesté, suspend toute mesure de rigueur et elle n'envoye pas la plus petite force dans les parages de Saint-Domingue : elle s'abstient même d'interdire, pour le moment, le commerce que font les bâtimens étrangers dans cette colonie ; mais, au retour des agens à qui ces instructions sont données et d'après leur rapport, S. M. fera partir des forces suffisantes pour protéger, ou, si cela devenait nécessaire, des forces auxquelles rien dans l'île ne saurait résister.

Si le départ des forces qui doivent être dirigées contre nous, n'est pas encore déterminé, ce n'est pas de votre faute, ni celle des ex-colons.

Les prétendues vues bienfaisantes que vous et votre faction avez sur Hayti, trouveront de grands obstacles que vous ne pourrez renverser. Il faudrait passer sur le corps de la population, avant de les établir.

Les haytiens n'ont jamais été troublés que par l'intrigue des ex colons ; les maux qu'ils ont éprouvé sont l'ouvrage du cabinet français, les mêmes que vous nous préparez encore.

Une fois d'accord avec Pétion et Borgella sur ce qui les concerne eux-mêmes et sur ce qui regarde la 1re classe des gens de couleur, les agens établiront avec eux la mesure moindre d'avantage à accorder à la seconde classe composée de ce qui est moins blanc que franc, mulâtre, sans être tout-à-fait nègre, et à la troisième composée des nègres libres.

Est il aucun haytien qui puissent discuter froidement de semblables horreurs ? en est-il aucun qui puisse marchander la ruine de ses concitoyens, et la mesure moindre d'avantage qu'on veut accorder ?

Paul.

« Pour cette fois, pourront être admis, [si Péthion et Borgella le jugent convenable] dans la 1ᵉ classe, indistinctement tous les mulâtres, anciennement libres de droit, ou nouvellement libres de fait, soit nés en légitime mariage, soit bâtard. Mais, à l'avenir, ceux nés en bâtardise ne participeront pas aux avantages de ladite classe ou caste. Ils seront restreints à la simple jouissance des avantages de l'homme de couleur libre avant 1789 ». Néanmoins, en se mariant dans la 1ᵉ classe, ces bâtards y feront entrer leurs enfans.

Le même principe devra être appliqué à la 2ᵉ et 3ᵉ classe.

Les mariages d'un individu de classe supérieure avec un individu de la classe immédiatement au-dessous, pourraient élever à la première de ces deux, les enfans qui en seront issus, soit à la première, soit à la seconde génération; mais peut-être, serait-il mieux d'établir que le mariage d'un individu de la 1ᵉ classe avec un de la 3ᵉ porterait les enfans dans la classe intermédiaire.

Les enfans nés de mères esclaves [ou censées telles] par le concubinage de blancs, mulâtres, ou autres, suivront invariablement la condition de la mère et appartiendront au maître de celle-ci. Sur ce point la résolution doit être invariable : néanmoins, lesdits enfans pourront être affranchis, si le père qui les avouera paye au propriétaire une somme de...... et au fisc une autre somme et s'il assure la subsistance de l'enfant. La quotité de ces sommes sera fixée par un règlement : lesdits affranchis ne jouiront que des priviléges de l'homme de couleur libre avant 1789 »; leur mariage dans une des classes ci-dessus désignées fera entrer leurs enfans dans cette classe.

Pour cette fois, anciennement libres de droit, ou nouvellement libres de fait, restreints à la simple jouissance des avantages de l'homme de couleur libre avant 1789. Ces mots sont significatifs, autant qu'ils sont méprisables; nous savons ce qu'étaient les avantages des soi-disant libres avant 1789; mais pourquoi tant d'entortillages pour dire que vous voulez l'esclavage ?   C

Les enfans nés de mères esclaves appartiendront au maître; la résolution doit être invariable!!!

Après avoir médité ces instructions que Machiavel n'aurait pas
désavouées, j'ai senti que plus j'avançais dans ce dédale ténébreux
d'horreurs et de perfidies, plus j'aurais besoin de force pour terrasser
ces monstres impitoyables; je les ai réservés; mon indignation n'a fait
que s'accroître à mesure que j'ai compté les anneaux de cette filiation
de crimes, qui s'enchassent tellement les uns dans les autres, qu'ils se
renforcent à mesure qu'ils arrivent à leur fin. Le flambeau de la vérité
à la main, je porterai son jour terrible sur les sombres machinations du
crime hardi; prenant l'inverse de ces propositions, j'aurais obtenu la
solution que je voulais donner; les argumens ne m'ont jamais manqués;
nos ennemis partisans d'une si mauvaise cause, en fournissent tant
pour les combattre victorieusement!

Quant à la classe la plus considérable en nombre, celle des noirs
attachés à la culture et aux manufactures de sucre, d'indigo, etc.
il est essentiel qu'elle demeure ou qu'elle rentre dans la situation où
elle était avant 1789 », sauf à faire des réglemens sur la discipline
à observer, tels que cette discipline soit suffisante au bon ordre et à
une somme de travail raisonnable, mais n'ait rien de trop sévère. Il
faudra, de concert avec Péthion, aviser aux moyens de faire rentrer
sur les habitations et dans la subordination le plus grand nombre des
noirs possible, afin de diminuer celui des noirs libres. Ceux que l'on
ne voudrait pas admettre dans cette dernière classe et qui pourrait
porter dans l'autre un esprit d'insurrection trop dangereux devront
être transportés à l'île de Ratau ou ailleurs. Cette mesure doit
entrer dans les idées de Péthion, s'il veut assurer sa fortune et les
intérêts de sa caste, et nul ne peut mieux que lui disposer les
choses pour son exécution lorsque le moment en sera venu.

Il est essentiel que nous soyons esclaves!

Les hommes généreux qui ont déployé le plus de caractère lorsque
nous avons revendiqués nos droits , ceux qui ont éclairé leurs frères par
leurs discours , leurs écrits , qui ont méprisé et fait disparaître même
l'ombre du colon blanc , traités de dangereux, doivent être transportés
à l'île de Ratau ou ailleurs ! quelle perfidie ! quelle raison d'état du
cabinet français !

Haytiens , vous avez entendu parler des forfaits des Robespierre,
des noyades des Carrier à Nantes , et de ceux de leurs infâmes adhérens dont les noms seuls sont des injures, eh bien ! ces monstres, les
fléaux de la nature, dans leurs temps, ne sont rien comparativement
avec vos bourreaux actuels qui veulent vous détruire et vos enfans
jusqu'à l'âge de six ans , d'après le plan de l'ex-colon Berquin ! Ces
jeunes créatures, selon leurs vues odieuses , seront conservées pour
gémir sous le joug de l'esclavage !

Cette île de Ratau qui n'existe pas sur la surface du globe, cette île
fantastique , ce sont les rades , les anses , les baies qui baignent nos
côtes, que Malouet , le Robespierre - Colon appelle l'île de Ratau.
Nos tyrans s'apprêtent encore à renouveller les noyades et tous les
crimes qu'ils ont commis à Hayti !

Ne semblez-vous pas revoir comme du temps des Leclerc , des
Rochambeau , des Darbois et des Néraud , les cadavres de nos concitoyens, que les réquins et les monstres marins étaient rassasiés de dévorer,
défigurés , flottans sur l'eau , rejetés par la mer sur nos rivages pour
dénoncer le crime de leurs bourreaux , et en demander vengeance !
Eh ! l'on se prépare à revenir commettre de semblables atrocités, à
allumer les bûchers, à planter les potences, à lancer les chiens dévora-
teurs , pour détruire notre population ; et nous ne préférerions pas de
périr jusqu'au dernier les armes à la main ? mais non , nous ne péririons
pas de la mort affreuse que nous réservent nos tyrans , nous les puni-
rons , s'ils entreprennent une seconde expédition, nous ferons retomber
sur leurs têtes coupables les mêmes calamités qu'ils nous préparent ;
nous leur ferons éprouver des supplices mille fois plus affreux que ceux
dont ils nous menacent !

Cette mesure doit entrer dans les idées de Pétion , etc.

La mesure criminelle que l'on suppose, ne peut entrer que dans l'idée du plus profond, du plus scélérat et du plus artificieux de tous les hommes. Quel est l'être privé de tout sentiment de pudeur, de justice et d'humanité, qui voudrait assurer ce que l'on appelle sa fortune par une entreprise qui le couvrirait d'infamie ?

Nous avons dit que l'un des trois agens se rendrait près de Christophe, après l'avoir sondé, il s'entendra avec ses deux collégues pour juger s'il convient de suivre une négociation avec lui et pour déterminer sur quelles bases. Cette négociation aura lieu, de concert avec Péthion et Borgella, ou à leur insçu, ainsi que les agens le trouveront convenable : sur ce, l'on s'en rapporte à leur prudence.

L'espion Médina pris dans les piéges qu'il nous tendait, Dauxion Lavaysse et Dravermann ses complices doivent l'être de même, s'ils mettent le pied à Hayti. Il faudrait être gagné par le gouvernement français pour laisser échapper des espions qui viennent s'informer de nos moyens intérieurs et établir un système de corruption en préparant les esprits.

Ils importe peu comme on le voit à nos ennemis de quelle manière ils réussissent, soit qu'ils gagnent le général Pétion ou le général Borgella, ils veulent gagner un auxiliaire ; le ministre s'en rapporte à la prudence, c'est-à-dire, aux intrigues des espions

Autant qu'on en puisse juger actuellement d'ici, il paraît que le point le plus important est de tomber d'accord avec le parti de Péthion et que, cela fait, il serait facile de réduire celui de Christophe à l'obéissance sans grande effusion de sang. Mais comme l'intention du roi est de prévenir autant que possible cette effusion et de hâter la pacification générale de la colonie, MM. les Agens ne négligeront aucun moyen convenable pour faire tomber les armes des mains des adhérens à Christophe comme de celles des adhérens de Péthion.

On

On juge souvent mal les choses de loin. Je suppose , [chose horrible même à supposer] que vous ayez gagné ce que vous appelez le
parti du général Pétion , vous ne parviendrez jamais à réduire à l'obéissance, ce que vous appelez le parti du roi Henry I.er ; ce parti se compose
de la population entière d'Hayti , qui s'apprête à combattre ses implacables tyrans. Vous voulez réduire des hommes libres sous le joug , et
vous paraissez redouter l'effusion de sang ? moi je vous prédis hardiment
avant que vos projets sanguinaires n'aient lieu , le sang impur de nos
bourreaux coulera par torrens comme l'eau de nos ravines.

Termes clairs et précis, ne négligeront rien pour soulever nos concitoyens.

Quant nous aurions payé les espions du Ministre de la marine et des
colonies de France, quant nous n'aurions rien négligé pour les gagner,
ils ne nous eussent pas mieux servis , qu'en portant avec eux les pièces
qui nous découvrent les intentions criminelles , les vues , les plans de
nos oppresseurs !

*MM. les Agens saisiront toutes les occasions sûres pour in-
former le Ministre de S. M. de leur arrivée , du début et des
progrès de leur négociation et de toutes les connaissances cer-
taines qu'ils auront acquises sur l'état des choses dans la colonie.
Ils se serviront d'un chiffre pour tout ce dont l'interprétation pourrait avoir des suites fâcheuses. Dès qu'ils auront conclu un arran-
gement, ils reviendront, par la voye la plus prompte, rendre
compte de leur mission. Toutefois s'ils jugent important que l'un
ou même deux d'ent'reux demeurent sur les lieux , et y attendent
l'arrivée de l'armement destiné pour la colonie, ils prendront ce
parti ; mais il faudra , dans tous les cas , que l'un des trois au
moins , vienne porter verbalement les renseignemens les plus
détaillés.*

Nous voyons dans ce paragraphe que nos ennemis attendent impa-
tiemment le résultat de leurs menées, et que leurs espions doivent se

H

servir d'un chiffre *pour tout ce dont l'interprétation pourrait avoir des suites fâcheuses*, ce qui constitue la criminalité de leurs projets; dès qu'ils auront terminé leur espionnage, un d'entr'eux, par la voix la plus prompte ira rendre compte du résultat de ses machinations, verbalement pour donner les circonstances les plus détaillées; l'autre, ou même deux resteront sur les lieux pour continuer leurs intrigues. Il n'y a pas de doute qu'entre Dauxion et Dravermann, l'un doit rester, et l'autre aller rendre compte de sa mission, s'ils ne sont point arrêtés. Quant à Médina, il a déjà rempli son rôle, on l'attendra long-temps.

On n'a esquissé dans ces instructions un projet d'organisa-tion politique à Saint-Domingue que pour donner à MM. les Agens une idée de ce que le Roi pourrait consentir à accorder un travail définitif sur cette matière ne peut être que le résultat des connaissances que le Ministre du roi acquerra par eux. Ils doivent donc apporter le plus grand soin à resserrer les conces-sions dans des limites raisonnables, moins ces limites s'écarte-ront de celles précédemment établies et mieux ce sera. En résumé, ils ne promettront rien au-delà de ce qui va être énoncé, après avoir tout fait pour demeurer en deçà.

Nous avons résumé votre esquisse, nous avons obtenu la conviction de vos plans, et nous savons actuellement positivement ce que nous devons attendre de votre part.

1°. A Péthion, Borgella et quelques autres (toutefois que la couleur les rapproche de la caste blanche) assimilation entière aux blancs et avantages honorifiques ainsi que de fortune.

Oui, s'ils servent d'instrumens nécessaires, jusqu'à ce que vous puissiezles envoyer à l'île de Ratau.

2°. Au reste de leur caste actuellement existant, la jouissance des droits politiques des blancs, à quelques exceptions près qui les placent un peu au-dessous.

Comme dans l'ancien régime; mais je le demande au Ministre ex-colon, dont j'ai prouvé l'alliance plus haut, dans quelle classe

placera-t-il les héritiers de son nom , et de son machiavélisme ?
Sera-ce dans la 1ᵉ ou la 2ᵉ classe, car ses enfans sont des métis.

3° *A tout ce qui est moins rapproché du blanc que le franc mulâtre , ces droits politiques dans une moindre mesure.*

Moindre mesure ! ne semble-t-on pas voir le Ministre avec sa balance , peser les prétendus avantages , les mesurer sur la teinte plus ou moins foncée des haytiens, et semblable à ces nouvellistes des Tuileries, tracer aussi avec sa canne sur le parquet de son cabinet , nos villes , nos positions , celles que l'on doit attaquer.

4° *Aux libres qui sont tout-à-fait noirs encore un peu moins d'avantages.*

Un peu moins de poids dans la balance à couleurs , et cela , en raison de la teinte plus foncée : cette teinte noire est-elle donc un sceau de réprobation ? Le Ministre ignore-t-il cette parole de l'écriture : *tous les enfans du père céleste , tous les mortels se r'attachent par leur origine à la même famille !*

5°. *Attacher à la glèbe, et rendre à leurs anciens propriétaires, non-seulement tous les noirs qui travaillent actuellement sur les habitations, mais encore y ramener le plus possible de ceux qui se sont affranchis de cette condition.*

Remettre positivement l'ancien régime en vigueur, rendre aux ex-colons. ceux qu'ils appellent leurs esclaves , et même faire rentrer sur les habitations chez leurs oppresseurs, ceux qui , par leurs travaux, avaient achetés leur liberté dans l'ancien régime.

Glèbe dans sa signification technique est un vieux mot du gouvernement féodal, tiré du latin , qui signifie une terre , un fonds. Les esclaves attachés à un domaine , à une métairie chez les romains, s'appelaient esclaves de glèbe , attachés à la glèbe.

Les ex-colons , nous le voyons bien , ne peuvent déraciner de leur esprit , la puissance des souvenirs , mais depuis long-temps aussi les haytiens ne croyent plus aux revenans.

6°. *Purger l'île de tous les noirs qu'il ne conviendrait pas d'admettre parmi les libres et qu'il serait dangereux de rejetter parmi ceux attachés aux habitations.*

Envoyer à l'île de Ratau, noyer, brûler, faire manger par les chiens, etc. etc. les plus courageux défenseurs de la liberté, ces âmes fières et intrépides qui savent ce qu'elles valent, dans la persuasion, où l'on est qu'elles ne consentiront jamais à se soumettre bénévolement à l'esclavage.

7°. *Restreindre la création de nouveaux libres de la manière indiquée plus haut.*

A l'avenir ne plus accorder de liberté aux noirs.

Lorsque les agens seront convenus de ces bases avec les chefs, ils y ajouteront les conditions suivantes.

1°. *Il est bien entendu que pour que l'ordre se rétablisse à Saint-Domingue, les lois de la propriété et tous les principes qui en assurent la garantie doivent être établies et respectées de telle manière que chaque propriétaire, muni de ses titres d'acquisition ou d'hérédité ou de l'acte de notoriété qui la constate légalement, soit remis en possession de ses terres, et bâtimens dans l'état où ils se trouveront, sans égard aux dispositions arbitraires qui pourraient en avoir été faites par ceux qui, jusqu'à cette époque, avaient exercé quelque pouvoir public.*

Ne se figure-t-on pas voir, si les indignes et déshonorantes propositions de nos ennemis étaient accueillies [quel blasphème, moi-même je profère] ne se figure-t-on pas, dis-je, voir tous les ex-colons et leur odieuse lignée, accourir avec leurs titres plus que surannés, pour réclamer nos biens, et même nos personnes ? Ne semble-t-on pas entendre quelles seraient leurs insolentes discussions ? Ainsi, dignitaires haytiens, dans cette horrible hypothèse, sans même avoir égard aux travaux, aux plantations, aux améliorations que vous auriez faits sur vos apanages ;

apanages

apanages dont la magnificence du Roi vous a dotés, sur ces biens, le prix de mille travaux guerriers, vos bourreaux vous en dépouilleraient !

Ainsi habitans et cultivateurs laborieux, militaires qui avez reçu dans les combats de la liberté d'honorables blessures, vous qui êtes parvenus par les fruits de vos travaux, ou par la faveur du gouvernement à posséder quelques propriétés territoriales, sans égard non plus aux travaux que vous auriez faits sur vos biens, aux sueurs que vous auriez versées, vos bourreaux vous en dépouilleraient !

Ils feraient plus, ils appésantiraient sur vous d'atroces vengeances; après vous avoir replongés dans les fers, ils les riveraient de manière que votre postérité ne pourrait plus penser à les briser de nouveau; enfin, ils étoufferaient toute idée libérale, tout principe de justice, toute lueur même de liberté !

C'est ainsi que d'après leurs projets, ils ne veulent conserver de notre race que les enfans de six ans, parce que ces malheureuses victimes n'auront point connues ce que c'est que liberté, droits politiques !

Qu'ils rêvent donc tant qu'ils voudront la conquête de ce qu'ils appellent leurs biens, les véritables possesseurs ne sont certainement pas d'avis de s'en laisser dépouiller.

2°. *L'admission aux droits politiques de tous les gens de couleur, l'assimiliation même des principaux propriétaires de la première classe qui pourrait en être faite aux blancs, laisse toujours à la disposition du Roi et de ses représentans le choix de ceux qui paraitraient le plus susceptibles d'emplois supérieurs ou même inférieurs dans les places civiles ou militaires, de telle sorte qu'aucun d'eux ne soit reconnu avoir un droit acquis, mais seulement éventuel, de même que les blancs, aux emplois supérieurs et inférieurs. Quant à ceux qui sont actuellement investis des pouvoirs du gouvernement colonial, il est entendu que leur soumission entière à S. M. Et le succès de leur influence sur la caste qui leur obéit, leur assureront les grâces du Roi, mais sans aucune stipulation qui puisse engager dans telle ou telle forme l'autorité*

1

souveraine : lesdits chefs devant s'en rapporter entièrement à la volonté et à la bonté du Roi.

Quelles absurdités ! Les généraux qui feront entrer sous le joug leurs subordonnés auront l'assurance des grâces du roi de France, et de suite l'on ajoute le correctif, *mais sans aucune stipulation qui puisse engager l'autorité souveraine.*

Enfin on veut que nous nous en rapportions entièrement au dire de ces trois espions.

Nous pensons que S. M. Louis XVIII qui ne s'est pas laissé influencer par les émigrés, lors de sa rentrée en France, qui cependant avaient d'autres droits à sa protection que cet assemblage de bandits coloniaux, ne se portera point aux mesures violentes qu'indiquent Malouet et consorts, autrement ce serait un abus d'idées, une tyrannie de sa part.

Lorsque tous ces points auront été discutés et convenus avec les chefs, il en sera dressé procès verbal et cet acte sera, après leur soumission écrite, leur garantie effective, en ce qu'il ne sera désormais rien exigé d'eux qui ne soit conforme aux présentes instructions signées par moi Secrétaire d'état, Ministre de Sa Majesté.

Vos espions n'auront pas la peine de discuter et de convenir des points infernaux que vous proposez ; tranquillisez-vous ministre, il n'y aura pas plus de soumission écrite, que de soumission verbale : la véritable garantie effective de nos droits est en nos mains.

Il est bien recommandé à MM Dauxion Lavaysse, de Médina et Dravermann de relire plusieurs fois, durant la traversée, les présentes Instructions pour bien se pénétrer de leur esprit, afin de ne jamais s'en écarter dans le cours de leur négociation.

Signé MALOUET.

Certifié conforme aux originaux déposés dans les Archives de l'état,

Le Secrétaire d'État, Ministre des affaires étrangères,

Signé COMTE DE LIMONADE.

En effet le tissu de crimes que vous avez chargé vos espions de commettre, avait besoin d'être relu plusieurs fois durant leur traversée. Ils s'en sont bien pénétrés, et nous encore mieux; nous ne nous écarterons jamais de la résolution que nous avons prise de vous combattre jusqu'à extinction.

RÉSUMÉ.

Les projets de nos implacables ennemis, sont d'envahir notre pays; de semer le trouble et la désunion parmi nous; de se faire par tous les moyens imaginables des auxiliaires parmi les haytiens de couleur, pour pouvoir plus sûrement parvenir à subjuguer la population d'Hayti; de rétablir l'esclavage plus dûrement encore, s'il était possible que dans l'ancien régime; de détruire premièrement tous les haytiens qui ont figuré avantageusement dans les scènes de notre immortelle révolution, en éclairant, en défendant nos concitoyens, jusqu'à ce qu'ils puissent effectuer la destruction totale de la population, jusqu'à l'âge de six ans; d'annihiler toute espèce d'idée de liberté; de replacer les haytiens en général, mais plus particulièrement les noirs au rang de la brute; de faire du royaume d'Hayti, une colonie française; enfin, de rétablir le système colonial dans toutes ses horreurs!

Tels sont les vues liberticides, les plans atroces contenus dans les perfides instructions secrètes, que nous livrons, comme le témoignage irrécusable de la perversité de nos implacables ennemis, à la connaissance des souverains et des cabinets de tous les gouvernemens; à l'immortel Willberforce, le vénérable père de l'abolition de la traite; à tous nos estimables amis et énergiques défenseurs qui bravent les épithètes injurieuses de *négrophiles, de blancophages* avec lesquelles nos tyrans prétendent flétrir et ridiculiser les vertueux protecteurs de la grande cause de l'humanité; à tout homme dégagé d'esprit de parti; au peuple français lui même; enfin au jugement impartial de l'histoire; elles confondront le Ministre qui les a rédigées, les ex-colons qui les ont suggérées, et porteront, pour me servir de l'expression d'un auteur britannique, *les pierres même à la sédition!*

En terminant cet ouvrage, nous apprenons la mort du Ministre de la marine Baron Malouet. Nous sommes fâchés que cet acharné et redoutable adversaire n'ait pu être instruit du stérile résultat de la mission de ses trois espions; mais son esprit vit dans l'âme des ex-colons. Nous renvoyons l'hommage de nos Commentaires à leurs méditations.

Nous croyons aussi, à l'exemple de M. le Chancelier Dambray, avoir envoyé notre compliment de condoléance à M. Malouet fils, notre ancien compatriote; il y trouvera un motif de consolation dans sa filiation. Ce Couillane (je demande pardon de l'expression) ne doit pas ignorer qu'il entre dans les vues et les plans des ex-colons de détruire notre population jusqu'à l'âge de six ans; il sera sûrement compris dans la proscription, car nous supposons qu'il a six ans et jour!

Au Cap-Henry, chez P. R o u x, imprimeur du Roi.